DES DÉLITS

DES

FOURNISSEURS

Par A. BOUCHIÉ DE BELLE

AVOCAT AU CONSEIL D'ÉTAT ET A LA COUR DE CASSATION

SOUS-INTENDANT MILITAIRE DE 3ᵉ CLASSE DU CADRE AUXILIAIRE

Extrait de la *Revue du Service de l'Intendance.*

PARIS   **LIMOGES**
11, Place Saint-André-des-Arts.   46, Nouvelle Route d'Aixe, 46.

Henri CHARLES-LAVAUZELLE

Editeur militaire.

1893

Librairie militaire Henri Charles-Lavauzelle

Paris, 11, Place Saint-André-des-Arts.

Lois, décrets et règlements relatifs à l'organisation de l'armée, cadres et effectifs, comités, états-majors et service d'état-major, corps de troupe, états-majors particuliers et services divers, écoles, personnels divers. — Volume in-8º de 568 pages, broché........ .... 6 »

Cours professés à l'Ecole d'administration militaire de Vincennes.

TOME I. — Législat'on militaire et administration générale.

Volume in-8º de 676 pages, broché.

TOME II. — Administration générale (*suite*). — Subsistances militaires. — Service de santé. Habillement et campement. — Notions de législation industrielle et commerciale.

Volume in-8º de 680 pages, broché.

Les deux volumes ne se vendent pas séparément.

Les deux volumes... 12 »

Franco... 12 85

Règlement du 9 septembre 1888 sur la comptabilité des matières appartenant au département de la guerre et instructions du 23 décembre 1888 pour l'application de ce règlement (édition officielle et complète). — Volume in-folio tellière avec grandes marges............. 6 »

Appendices aux instructions ministérielles du 23 décembre 1888, sur la comptabilité des matières appartenant au département de la guerre.

Premier appendice, du 16 octobre 1889. — Fascicule in-8º de 16 pages. » 25

Deuxième appendice, du 28 décembre 1890. — Brochure in-8º de 52 p.. » 40

Règlement du 9 septembre 1888 sur la comptabilité des matières appartenant au département de la guerre et **instruction du 23 décembre 1888** pour l'application de ce règlement :

Dans les services de l'administration centrale, de l'intendance, de santé, de la remonte générale, de l'hôtel national des Invalides, des écoles militaires et des corps de troupe (2e édition). — Volume in-8º de 208 pages..................... 3 »

Dans le service de l'artillerie (2e édition.) — Vol. in-8º de 328 pag.. 4 »

Dans le service du génie. — Volume in-8º de 304 pages.......... 3 50

Dans le service des poudres et salpêtres. — Vol. in-8º de 276 pag. 3 50

Dans le service des subsistances militaires (*Instruction ministérielle du 27 octobre 1889 seulement*). — Brochure in-8º de 98 pages........... 1 »

Dans le service des lits militaires (*Note ministérielle du 11 décembre* 1889 *seulement*). — Brochure in-8º .... » 30

Décret du 29 mai 1890, portant règlement sur la solde et les revues :

Edition officielle et complète avec tableaux, modèles et annexes et le formulaire des mutations. — Volume in-8º.......................... 3 50

Formulaire des mutations, seul....................... » 25

Barème de solde pour toutes armes (*officiers et troupe*). — Brochure in-8º de 48 pages, couverture parcheminée.......'................. 1 »

Instruction ministérielle du 20 mars 1890 sur le service courant (modifiée le 24 mai 1891 et le 15 juillet 1892) avec modèles. (2e édition, annotée et mise à jour.) — Brochure in-8º de 256 pages, 1 fr. 50. *franco* 2 »

Règlement et instruction du 16 novembre 1887 sur le service de l'habillement dans les corps de troupe, modifiés par le décret du 18 mars 1889 et la note ministérielle du 11 mars 1892; ouvrage accompagné des modèles, tableaux et tarifs de ces règlement et instruction ainsi que des modèles et annexes joints au décret du 14 janvier 1889 qui concernent le service de l'habillement (4e édition annotée et mise à jour). — Volume in-8º de 280 pages, broché.................... 1 50

Relié toile .... 2 »

DES DÉLITS

DES

FOURNISSEURS

DES DÉLITS

DES

FOURNISSEURS

Par A. BOUCHIÉ DE BELLE

AVOCAT AU CONSEIL D'ÉTAT ET A LA COUR DE CASSATION

SOUS-INTENDANT MILITAIRE DE 3ᵉ CLASSE DU CADRE AUXILIAIRE

Extrait de la *Revue du Service de l'Intendance.*

PARIS	LIMOGES
11, Place Saint-André-des-Arts.	46, Nouvelle route d'Aixe, 46.

IMPRIMERIE ET LIBRAIRIE MILITAIRES

Henri CHARLES-LAVAUZELLE

ÉDITEUR

1893

DES DÉLITS DES FOURNISSEURS

Une décision récente de M. le Ministre de la guerre vient d'ajouter, au programme du concours pour l'admission dans le corps de l'intendance militaire de l'armée active, des notions de droit criminel. Cette addition s'explique par l'intérêt que les fonctionnaires de l'intendance peuvent avoir à connaître les responsabilités pénales auxquelles se trouve exposé le nombreux personnel civil et militaire employé, sous leur direction et leur surveillance, à l'exécution des différents services administratifs de l'armée. Ainsi, par exemple, il importe qu'ils n'ignorent pas les sanctions que la loi attache à l'inobservation de leurs obligations ou de leurs devoirs par les fournisseurs qui ont passé des marchés avec l'administration de la guerre, ou par les comptables militaires chargés de gestions.

Les auteurs qui ont commenté le Code pénal se sont généralement assez peu étendus sur ce sujet, et c'est surtout dans la jurisprudence qu'il faut chercher les règles de la matière et le complément des indications trop succinctes que fournissent les textes.

Dans cette première étude, nous nous occuperons seulement des infractions que le Code pénal désigne sous le titre de : « Délits des fournisseurs », titre incomplet, car plusieurs de ces infractions constituent des crimes, et qu'il définit, qualifie et punit dans les articles 430 à 433.

Indépendamment, en effet, des conséquences qui sont

la suite ordinaire de l'inexécution de toutes les conventions et des autres pénalités civiles prévues par les cahiers des charges de leurs marchés, les fournisseurs des armées de terre et de mer qui, par leur négligence et leur mauvais vouloir, ont fait manquer le service dont ils étaient chargés ou qui se sont rendus coupables de retards ou de fraudes sont passibles de peines criminelles ou correctionnelles telles que la réclusion et l'emprisonnement.

Aux termes de l'article 430, « tous individus chargés comme membres de compagnie ou individuellement de fournitures, d'entreprises ou régies, pour le compte des armées de terre et de mer qui, sans y avoir été contraints pour une force majeure, auront fait manquer le service dont ils sont chargés, seront punis de la peine de la réclusion et d'une amende qui ne pourra excéder le quart des dommages-intérêts, ni être au-dessous de 500 francs, le tout sans préjudice de peines plus fortes, en cas d'intelligence avec l'ennemi ».

L'article 431 applique les mêmes pénalités aux agents des fournisseurs lorsqu'ils auront commis personnellement le crime ou qu'ils y auront participé. Quant aux fonctionnaires ou agents de l'Etat qui auront aidé les coupables, l'article 432 les rend passibles des travaux forcés à temps.

Enfin, d'après l'article 433, « quoique le service n'ait pas manqué, si, par négligence les livraisons et les travaux ont été retardés, ou s'il y a eu fraude sur la nature, la qualité ou la quantité des travaux ou main-d'œuvre et des choses fournies, les comptables seront punis d'un emprisonnement de six mois au moins et de cinq ans au plus et d'une amende qui ne pourra excéder le quart des dommages-intérêts ou être moindre de 100 francs.

« Dans les divers cas prévus par les articles composant le présent paragraphe, la poursuite ne pourra être faite que sur la dénonciation du gouvernement. »

Ces textes ne sont pas de ceux qui se suffisent à eux-mêmes et qui peuvent se passer d'explications et de commentaires. Ils soulèvent, au contraire, d'assez nombreuses difficultés d'interprétation. Nous allons essayer de résoudre successivement les plus importantes, car il serait téméraire de vouloir les prévoir toutes.

Il convient de remarquer tout d'abord que la loi, dans les articles précités, ne distingue pas entre l'état de guerre et l'état de paix; il faut en conclure, avec la Cour de cassation (1), que les peines qui y sont portées, sont applicables en tout temps.

Une première question se pose ensuite : c'est celle de savoir quelles sont les personnes que l'on doit considérer comme des fournisseurs dans le sens de l'article 430.

Sont-ce tous ceux qui, en vertu de conventions passées, sous quelque forme que ce soit, avec une autorité militaire ou civile quelconque, se sont engagés à procurer à la troupe ou aux services de l'armée des objets dont ils ont besoin?

Malgré la généralité des termes de l'article 430, il est admis que cet article vise seulement les individus ou les sociétés commerciales qui ont traité avec l'Etat, représenté par les Ministres ou par les fonctionnaires ayant qualité et pouvoir pour agir en son nom et pour l'engager. Peu importe que le marché ait été passé par voie d'adjudication publique ou de gré à gré, qu'il s'applique à tout le territoire ou qu'il concerne seulement une circonscription déterminée, que ce soit un marché à commission ou un marché de livraison.

Il suffit que l'Etat y soit partie pour que le fournisseur puisse être passible, en cas d'inexécution, de retards ou de fraudes, des pénalités établies par les articles 430 à 433.

(1) Arrêt du 17 février 1848.

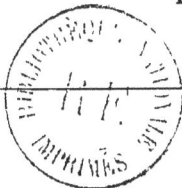

On ne peut considérer l'Etat comme étant partie dans les marchés directs passés dans les corps de troupes pour l'entretien de l'habillement, du harnachement, de l'armement, de la ferrure, pour la fourniture des effets de la 2e portion et pour celle des vivres que ces corps ne reçoivent pas en nature.

Les dépenses auxquelles ces marchés donnent lieu sont, en effet, acquittées en général au moyen des masses, c'est-à-dire avec des fonds d'abonnement alloués aux corps par l'Etat, ou avec la solde des hommes. Elles sont faites en réalité pour le compte de ces derniers, bien que les règlements les aient entourées de formalités et de garanties minutieuses, telles que l'obligation, pour les commissions choisies par le corps, de se renfermer rigoureusement dans les limites d'un tarif ministériel, telles aussi que l'approbation du conseil d'administration et, dans certains cas, du sous-intendant.

Les négociants qui ont fourni aux corps les objets ou les vivres que nous venons d'indiquer ne peuvent, comme les fournisseurs ou les entrepreneurs qui ont traité avec l'Etat, être considérés comme des citoyens chargés d'un service ou d'un mandat public, le seul que le législateur ait en vue dans les articles dont nous nous occupons. Cela a été récemment jugé par le tribunal correctionnel de la Seine (1), à l'occasion d'un procès en diffamation intenté par un boucher de Verdun, auquel un journal avait reproché d'avoir fourni aux troupes de la garnison des viandes provenant d'animaux malades. Le journal poursuivi déclinait la compétence du tribunal correctionnel et demandait son renvoi devant la cour d'assises où la preuve de la diffamation est admise; il prétendait que par l'adjudication, en vertu de laquelle il avait fait les fournitures incriminées, le

---

(1) Jugement du 15 juin 1892.

boucher était substitué au Ministre de la guerre dans
l'accomplissement d'un service public et qu'il devait
être considéré comme un citoyen chargé d'un mandat
public, contre lequel la preuve de la diffamation est au-
torisée par l'article 47 de la loi du 29 juillet 1881.

Le tribunal de la Seine a rejetè l'exception d'incom-
pétence en déclarant « que l'alimentation des troupes
en viande fraîche n'incombait pas à l'Etat, qu'elle était
assurée par le versement quotidien des hommes vivant
en commun au moyen des prestations qui leur sont
allouées individuellement et dont la réunion constitue
un ordinaire ; que les fonds de l'ordinaire sont adminis-
trés dans l'intérêt et pour le compte de ceux qui en font
partie, soit par la commission des ordinaires, s'il en
existe une, soit, à défaut, par l'officier qui commande cha-
que unité et qui agit alors, non comme délégué ou repré-
sentant de l'Etat ou de l'administration centrale, mais
comme mandataire des hommes ; que les acquisitions
de viande, qu'elles soient faites par adjudication ou de
gré à gré, constituent de simples opérations d'achat et
de vente pour lesquelles, en cas de contestation, le cahier
des charges donne compétence, non aux tribunaux administratifs, mais aux tribunaux ordinaires ; que les ad-
judicataires, pas plus que les autres fournisseurs chez
lesquels les acquisitions sont faites pour le compte de
l'ordinaire, n'étant ni investis d'aucune partie de la
puissance publique, ni même chargés, par délégation de
l'autorité militaire, d'un service d'intérêt général, ne
peuvent dès lors être considérés comme chargés d'un
service ou d'un mandat public. »

Le jugement va trop loin lorsqu'il pose en principe
que l'alimentation des troupes en viande fraîche n'in-
combe pas à l'Etat. Cela n'est vrai que lorsque celui-ci
ne croit pas devoir assurer lui-même ce service, et
lorsqu'il laisse aux corps de troupes le soin de faire
eux-mêmes leurs achats. Quand l'adjudicataire d'une

fourniture de viande a traité avec l'Etat en la personne du Ministre ou des fonctionnaires qui ont qualité pour le représenter, cet adjudicataire se trouve chargé d'un service public et devient un fournisseur dans le sens des articles 430 à 433. Un arrêt de la Cour de cassation du 6 décembre 1878 a décidé que ce fournisseur commettait le délit prévu et puni par l'article 433, lorsqu'il remplaçait, par exemple, les viandes reçues et estampillées par des viandes non reçues et même refusées et d'une qualité inférieure à celle qui était fixée par le cahier des charges.

Aussi, pour poser une règle, doit-on regarder comme seules passibles des pénalités établies par les articles 430 à 433 les personnes que l'Etat s'est substituées pour accomplir en son lieu et place un service qu'il s'était réservé d'exécuter lui-même, quel que soit, d'ailleurs, l'objet de ce service.

L'inexécution par le fournisseur des engagements qu'il a contractés envers l'Etat pouvant avoir parfois des conséquences d'une extrême gravité est qualifiée de crime par la loi. Mais il est nécessaire, pour qu'elle comporte cette qualification, que le fournisseur ait agi volontairement, ou que, du moins, on puisse lui imputer une faute grave.

Une simple omission commise sans intention frauduleuse et qui ne serait pas le résultat d'une négligence coupable ne saurait avoir le caractère d'un crime. Il en est de même lorsqu'une force majeure a empêché le fournisseur de remplir ses obligations.

La loi ne distingue pas entre le cas où le manquement du service est total de celui où il est seulement partiel, mais elle n'assimile pas à ce manquement le simple retard apporté à l'exécution du marché. Nous verrons plus loin qu'un article spécial a prévu cette hypothèse.

Les agents des fournisseurs, lorsque le service a manqué par leur fait personnel ou avec leur aide, sont punis des mêmes peines que leur patron. Un auteur a enseigné, il est vrai, que les agents échapperaient à toute responsabilité s'ils n'avaient fait qu'obéir aux ordres du fournisseur. Mais cette distinction, que la loi n'a pas faite, nous paraît inacceptable. Il n'existe entre le fournisseur et ses agents aucune subordination hiérarchique impliquant l'obéissance passive. .

L'excuse tirée d'un ordre reçu ne pourrait, par suite, être admise que si le concours prêté par l'agent avait été inconscient et que s'il avait agi dans l'ignorance complète du but poursuivi par son patron. Dans ce cas, en effet, mais dans ce cas seulement, les éléments constitutifs du crime feraient défaut.

L'article 432 vise d'autres complices des fournisseurs. Ce sont les fonctionnaires publics qui auraient aidé à faire manquer le service. La peine portée par l'article 430 est aggravée en ce qui concerne cette catégorie de complices ; ils sont passibles des travaux forcés à temps, conformément au principe posé dans l'article 198 du Code pénal qui élève d'un degré la peine applicable, en matière de crimes et de délits, lorsque le coupable est un fonctionnaire public.

Enfin, la loi réserve le cas où le crime a été commis d'intelligence avec l'ennemi. Dans cette hypothèse, en effet, la peine à appliquer est celle qui est prévue par l'article 77 du Code pénal, c'est-à-dire la mort.

L'article 433 s'occupe des infractions moins graves qui n'ont pas eu pour résultat de faire manquer le service, mais qui l'ont troublé et en ont empêché l'exécution régulière et loyale. Ce sont les retards apportés par négligence dans les livraisons et dans les travaux, et les fraudes sur la nature, la qualité ou la quantité des travaux ou main-d'œuvre ou des choses fournies. Ces infractions constituent des délits et sont punies de peines correctionnelles.

En ce qui concerne les retards, bien que l'article 433

ne parle que de ceux qui ont été causés par négligence, il est universellement admis que la peine est également applicable lorsque les retards proviennent d'une intention malveillante et frauduleuse. Il n'est pas possible de supposer que la loi ait entendu laisser, dans ce cas, les coupables impunis. Le texte doit être interprété comme s'il avait dit que les retards seraient punissables, même lorsqu'ils seraient seulement imputables à la négligence, car telle a été évidemment la pensée du législateur.

Le second délit prévu par l'article 433 n'existe pas, au contraire, par le seul fait que les choses livrées ou que les travaux exécutés n'offriraient pas la nature, la qualité ou la quantité stipulées dans les marchés. Il faut que les différences constatées soient le résultat non d'une négligence ou d'une erreur, mais d'une fraude caractérisée; il faut, en un mot, que le fournisseur ait eu la volonté de tromper.

Pour reconnaître les cas dans lesquels cette volonté frauduleuse doit être présumée, on peut utilement consulter la loi du 27 mars 1851, qui réprime certaines fraudes dans la vente des marchandises. Ainsi, elle existe lorsqu'un fournisseur a livré des denrées alimentaires qu'il savait falsifiées ou corrompues, lorsqu'il a faussé ou lorsqu'il a essayé de fausser par des manœuvres quelconques l'opération du pesage ou du mesurage, ou bien lorsque, sans agir sur l'instrument de pesage ou de mesurage, il est arrivé néanmoins à tromper l'acheteur sur la quantité de la marchandise, soit en donnant à celle-ci un volume qu'elle n'a pas naturellement, soit en y introduisant des matières inertes ou sans valeur. (Arrêt de la Cour de cassation du 25 janvier 1878.) Par exemple, en mêlant à du son des résidus de graines diverses. (Cour de cassation, 17 août 1877.)

La volonté frauduleuse existe également quand la marchandise porte des indications tendant à faire croire à un pesage antérieur et exact qui, en réalité n'a pas eu lieu. (Cour de cassation, 4 mars 1864.)

La jurisprudence, en appliquant la loi du 27 mars 1851 et l'article 423 du Code pénal, a relevé un grand nombre d'autres faits constituant des falsifications ou des tromperies et qui pourraient motiver l'application de l'article 433 s'il s'agissait de fournitures faites pour le compte des armées de terre et de mer.

Ainsi, il a été décidé qu'il y avait fraude lorsque la marchandise livrée n'était pas exactement celle qui avait été stipulée dans le marché, sans qu'il y ait lieu d'examiner si la qualité était ou non inférieure. La Cour de cassation a jugé en ce sens (1) que quelle que fût la qualité des substances employées, le mélange de la piquette de raisin sec avec le vin dénaturait celui-ci et constituait une falsification qui avait pour résultat de tromper l'acheteur sur la nature de la chose vendue.

L'article 433 est plus rigoureux que l'article 423 et que la loi du 27 mars 1851 qui forment le droit commun en matière de répression des fraudes relatives aux ventes de marchandises.

Ainsi, ces articles ne punissent de peines correctionnelles la tromperie sur la qualité de la chose vendue que lorsqu'il s'agit de pierres fines ou de denrées et de substances destinées à l'alimentation de l'homme. Il n'y a pas de délit, d'après ces textes, lorsqu'il s'agit seulement de denrées destinées à l'alimentation des animaux, par exemple de fourrages ou de matériaux de construction.

L'article 433 punit de la même peine la fraude sur la qualité des fournitures, quelle que soit la destination de celles-ci.

Il aggrave, de plus, les peines édictées par l'article 423. C'est donc à tort que MM. Chauveau et Hélie,

---

(1) Arrêt du 5 novembre 1885.

dans leur ouvrage classique sur la « Théorie du Code pénal », enseignent qu'en punissant la fraude sur la nature, la qualité et la quantité des travaux ou des choses fournies, l'article 433 prévoyait le même délit que l'article 423, et que, par conséquent, cette disposition pouvait paraître surabondante. En outre de l'aggravation des peines, elle était, comme nous venons de le voir, absolument nécessaire pour bien embrasser toutes les fraudes qui peuvent être commises dans l'exécution des services de l'armée.

L'article 433 étant applicable lorsque le service n'a n'a pas manqué, et pour réprimer les actes coupables commis dans le cours de son exécution, il importe peu que la fraude porte sur une quantité qui, devant être fournie, ne l'a pas été, ou sur une quantité que le fournisseur n'était pas obligé de livrer, mais qu'il a fait frauduleusement figurer dans ses comptes, sans l'avoir réellement fournie. Dans ce cas, le délit est consommé dès que l'entrepreneur a livré les documents falsifiés à l'aide desquels la quantité se détermine (1).

Le même arrêt qui contient cette solution, tranche, de plus, une autre question très importante : c'est celle de savoir si d'autres personnes que celles qui sont désignées aux articles 430 à 433 peuvent, comme complices de ces dernières, être punies des mêmes peines.

La cour de Nancy décide avec raison, croyons-nous, que « si les termes des articles 430 à 433 du Code pénal s'appliquent exclusivement aux fournisseurs de l'Etat ou à leurs agents comme auteurs principaux des crimes ou des délits prévus par ces articles, toute personne qui a coopéré à ces crimes ou délits, qui les a facilités de l'une des manières prévues par l'article 60 du Code pénal, doit être punie comme complice de ces actes, les dispositions du Code pénal sur la complicité s'appliquant d'une

---

(1) Arrêt de la cour de Nancy du 17 mars 1880.

façon générale et sans distinction à tous les crimes et délits prévus par le Code, sauf le cas où la loi en a disposé autrement ».

Dans l'espèce de cet arrêt, il s'agissait du fait d'un employé civil du génie qui avait été chargé de recopier à l'encre rouge, pour les remettre au chef d'atelier, les éléments de la comptabilité des travaux, et qui, dans le but d'aider l'entrepreneur à commettre des fraudes, avait substitué aux chiffres véritables des chiffres faux et altérés, de manière à faire croire à une quantité de travaux plus considérable que celle qui avait été réellement exécutée.

La cour de Nancy lui a appliqué, en vertu des articles 59 et 60 du Code pénal, les pénalités prévues par l'article 433.

Indépendamment des peines de la réclusion et de l'emprisonnement, les fournisseurs ou leurs agents coupables d'avoir fait manquer le service, ou seulement de retard ou de fraudes, seront condamnés à une amende qui ne pourra excéder le quart des dommages-intérêts, ni être inférieure à 500 francs, s'il s'agit de manquement de service et à 100 francs s'il s'agit de retard ou de fraudes.

En cas de condamnation solidaire, l'amende doit être calculée en prenant pour base la part de chacun des prévenus dans la condamnation civile. C'est aux tribunaux administratifs qu'il appartient de statuer sur les dommages-intérêts.

Dans son dernier alinéa, l'article 433 ajoute que, dans les divers cas prévus sous le titre de délits des fournisseurs, la poursuite ne pourra avoir lieu que sur la dénonciation du gouvernement. Ce dernier seul peut, en effet, apprécier l'étendue ou la gravité du crime ou du délit et l'opportunité de la poursuite. La dénonciation sera faite par le Ministre en qui se personnifie le gouvernement pour les actes dépendant de son administration. Les fonctionnaires inférieurs au Ministre ne peuvent exercer ce droit, à moins d'y avoir été expressément autorisés par lui.

Toutefois, c'est évidemment à eux qu'il appartient de mettre en mouvement l'action du Ministre, car ce dernier est, dans la plupart des cas, trop haut et trop loin des lieux où s'est produit le crime ou le délit pour pouvoir prendre de lui-même une initiative. Quand le fonctionnaire de l'intendance auquel appartiendra la surveillance du service aura eu connaissance du fait criminel ou délictueux, son premier soin devra être de le constater par un procès-verbal qui sera transmis au Ministre par la voie hiérarchique.

Une fois saisis, les tribunaux procèdent comme dans les poursuites ordinaires. Cependant, nous croyons, contrairement à l'opinion de plusieurs auteurs, qu'ils sont tenus de s'en rapporter pour la constatation matérielle du manquement du service, du retard ou de la fraude, aux procès-verbaux dressés par l'autorité militaire. Le débat ne peut s'élever que sur le caractère délictueux ou criminel des faits constatés, mais non sur leur existence. La jurisprudence n'a pas encore eu l'occasion de statuer sur cette question de la foi due aux procès-verbaux et elle ne l'aura peut-être jamais, la sincérité et l'exactitude des constatations des procès-verbaux s'étant toujours trouvées établies par l'instruction judiciaire.

En terminant, nous devons faire observer que les crimes ou les délits visés par les articles 430 à 433 ne sont pas les seuls à raison desquels les fournisseurs peuvent être poursuivis. Ils peuvent l'être encore, en vertu du droit commun, toutes les fois qu'ils ont commis, à l'occasion du service public dont ils sont chargés, d'autres crimes ou délits prévus par le Code pénal. Dans ce cas, ils sont passibles des mêmes peines que les délinquants ou criminels ordinaires, aucune aggravation n'étant édictée contre eux à raison de leur qualité.

La dénonciation du gouvernement n'est pas néces-

saire pour que la poursuite puisse être exercée. Ainsi,
la justice pourra, de sa propre initiative, poursuivre, en
vertu des articles 142 et 143 du Code pénal, les fournisseurs qui auront contrefait un timbre créé par une
commission spéciale chargée de la réception de fournitures militaires et destiné à être apposé sur les fournitures acceptées. Elle pourra poursuivre, de la même
manière, les falsifications de certificats nécessaires pour
être admis aux adjudications, la corruption d'agents ou
de préposés en vue d'obtenir qu'ils s'abstiennent d'un
acte qui rentrerait dans l'exercice de leurs fonctions, etc.

En réalité, ces crimes et délits qui sont généralement
connexes à ceux que prévoient les articles 430 à 433,
ne sont habituellement poursuivis que sur des plaintes
adressées au procureur de la République par l'autorité
militaire ou par les fonctionnaires chargés de la surveillance des divers services; mais le procureur de la
République pourrait agir sans qu'aucune plainte l'ait
saisi si les faits arrivaient à sa connaissance d'une autre
façon, par exemple par les révélations d'un complice.

Lorsqu'un fonctionnaire de l'intendance croit devoir
dénoncer un crime ou un délit commis par un fournisseur, en dehors des cas prévus par les articles 430 et
suivants il doit se borner à déposer sa plainte entre les
mains du procureur de la République de l'arrondisse-
ment. Il peut y joindre le procès-verbal qu'il a dressé;
mais il laisse au ministère public le soin d'examiner et
de décider s'il y a lieu d'exercer la poursuite. Il ne
forme aucune demande et il demeure étranger à la pro-
cédure; il n'encourt aucune responsabilité. Il ne lui
appartient pas, comme aux simples particuliers, victi-
mes d'un crime ou d'un délit, de se porter partie civile,
ni de demander que l'État soit indemnisé de la lésion
qu'il a souffert. Les juridictions criminelle et correctionnelle ne sont pas, en effet, compétentes pour statuer, en
cette matière, sur les réparations civiles. C'est au Mi-

nistre, s'il s'agit d'un marché de fournitures, ou au conseil de préfecture, s'il s'agit d'un marché de travaux publics, qu'il appartiendra de fixer le chiffre des dommages-intérêts dus par le fournisseur. Le Ministre le fera sous la forme d'un arrêté de débet qui sera notifié au fournisseur administrativement. Le conseil de préfecture statuera par un arrêté rendu dans la forme contentieuse. Ces décisions seront, l'une comme l'autre, susceptibles de recours devant le conseil d'Etat.

Le tribunal correctionnel ou la cour d'assises ne pouvant jamais connaître de cette question, l'Etat et les fonctionnaires qui le représentent n'ont aucun intérêt à figurer au procès comme parties civiles. Ils doivent donc s'en abstenir.

Il en sera nécessairement autrement lorsqu'il ne s'agira pas d'un fournisseur de l'Etat, mais, par exemple, de l'adjudication d'une fourniture à faire à un corps de troupe. La dénonciation des crimes ou des délits que cet adjudicataire aura pu commettre appartiendra au président de la commission qui a conclu le marché, ou, à son défaut, à l'officier qui commande l'unité dans l'intérêt de laquelle a été passée l'adjudication. Cet officier agira comme le ferait un simple particulier : il pourra se porter partie civile dans la plainte qu'il adressera au procureur de la République, ou même faire citer directement ou à sa requête le prévenu devant la police correctionnelle. Le tribunal ou la cour d'assises fixeront les dommages-intérêts dus au corps, car, dans ce cas, ces juridictions seront pleinement compétentes, à l'exclusion de toute juridiction administrative.

L'action en dommages-intérêts pourra aussi être exercée séparément de la poursuite et être portée devant les tribunaux ordinaires, c'est-à-dire, suivant les cas, devant le tribunal de commerce ou devant le tribunal civil. Ces tribunaux seront également seuls compétents pour statuer sur les contestations qui, indépendamment de tout délit, pourront s'élever entre les corps et leurs fournisseurs au sujet de l'exécution du service ou sur l'interprétation du cahier des charges. Il y aura lieu de saisir soit le tribunal civil, soit le tribunal de commerce, suivant que ce sera le corps ou le fournisseur qui sera défendeur. Un marché de fournitures constitue, en effet, un acte de commerce de la part du fournisseur, fût-il un simple cultivateur vendant les produits de sa ferme. Lorsque l'action sera intentée contre lui, le tribunal de commerce sera, par suite, compétent. Le président et la commission avec laquelle il a traité devra le faire assigner devant cette juridiction où les parties pourront comparaître par des mandataires munis d'un pouvoir. Mais lorsque, au contraire, l'action sera intentée par le fournisseur contre le corps, la connaissance du litige appartiendra au tribunal civil, parce que, de la part du corps, le contrat est civil et non commercial. Dans ce cas, le préliminaire de conciliation sera obligatoire, à moins que le président du tribunal civil ait cru devoir, sur requête, en dispenser le demandeur. Les parties devront constituer avoués, comme les plaideurs ordinaires.

Telle est, dans son ensemble, la condition des fournisseurs des armées sous le rapport pénal et sous celui des compétences juridictionnelles. On voit qu'en outre des réparations civiles, aucun des actes coupables qu'ils peuvent commettre dans l'accomplissement des services dont ils ont assumé la charge, n'échappe à une répression sévère. L'administration de la guerre est très fortement armée contre eux. La rareté des poursuites démontre qu'elle use de ces armes avec la plus grande modération, et on peut presque dire avec indulgence.

———

Paris et Limoges. — Imprimerie milit. Henri CHARLES-LAVAUZELLE.

Librairie militaire Henri Charles-Lavauzelle

Paris, 11, Place Saint-André-des-Arts.

Instruction ministérielle du 11 mars 1892, réglant la manière d'établir les différents comptes de la masse **d'habillement et d'entretien** et modifiant : 1° l'instruction du 16 novembre 1887-18 mars 1889 et certains modèles annexés aux décret et instruction de mêmes dates; 2° des annexes et modèles joints au décret du 14 janvier 1889. — Brochure in-8° de 86 pages.. » 75

Tarifs du 7 juillet 1881 indiquant le prix à allouer en temps de paix et en temps de guerre pour les **réparations à effectuer aux effets d'habillement,** de coiffure et de petit équipement. — Br. in-8° de 52 pages. 1 »

Règlement du 15 janvier 1890 sur le service du **chauffage** dans les corps de troupe (2° édition mise à jour). — Brochure in-8° de 76 p. 1 »

Instruction ministérielle du 12 avril 1889, relative à la désignation, aux attributions et au fonctionnement des **officiers d'approvisionnement,** tableaux et modèles. — Brochure in-8° de 96 pages .... » 75

Vade-mecum de l'officier d'approvisionnement des corps de troupe de toutes armes et des quartiers généraux (8° édition, revue, corrigée et augmentée). — Volume in-32 de 422 pages, relié toile anglaise....... 5 »

Règlement du 22 août 1890 sur le service des subsistances militaires et du chauffage en campagne. — Volume in-8° de 483 pages.......... 3 75

Instruction ministérielle du 30 août 1885 sur le fonctionnement du service de l'alimentation en temps de guerre. — Brochure in-32 de 78 pages... » 50

L'alimentation du soldat en campagne. La ration de guerre et la préparation rapide des repas en campagne, par Charles SCHINDLER, médecin-major de 1re classe. — Volume in-32 de 80 pages, broché........... » 50
Relié toile .... » 75

L'alimentation des troupes en campagne. Conférence de garnison, par M. QUITTERAY, sous-intendant militaire de 1re classe. — Brochure in-8° de 40 pages.. » 75

Instruction ministérielle du 11 janvier 1890 sur les boulangeries de campagne. Nombreux tableaux et annexes. — Brochure in-8° de 104 pages... 1 50

Instruction ministérielle du 3 mai 1892 sur l'organisation et le fonctionnement des **stations haltes-repas et sur l'alimentation pendant les transports stratégiques.** — Brochure in-8° de 64 pag. » 60
Cette instruction est suivie : 1° de la nomenclature du matériel des stations haltes-repas; 2° du modèle de la feuille de journées de présence du personnel, etc. (modèle A); 3° de la nomenclature et du mode d'établissement des documents à l'appui des comptes de gestion pour la justification des opérations à charge et à décharge; 4° du modèle de relevé récapitulatif des entrées et sorties des denrées et matières du service des vivres (modèle B); 5° du modèle du livret d'enregistrement journalier des denrées, etc. (modèle C), 6° du modèle du carnet de bons de fournitures imputables sur revues (modèle D); 7° du modèle du carnet de bons de fournitures remboursables (modèle E); 8° de la description du montage des percolateurs (cafetière à circulation Maien) et du mode de préparation du café dans ces appareils (modèles 1876 et 1879); 9° de la composition du personnel d'une commission de gare de station halte-repas (extrait du tableau A de l'instruction concernant les commissions et commandements de gare, annexé à l'appendice VII des transports militaires par chemin de fer); 10° du mode d'établissement des feuillées dans les stations haltes-repas (latrines de campagne).

Recueil administratif à l'usage des corps de troupes de toutes armes ou **Code manuel,** par E. CHARBONNEAU, officier d'administration principal des bureaux de l'intendance militaire (7° édition, revue, corrigée, augmentée et mise à jour). — Volume in-folio de 844 pages, broché 17 50
L'achat de cet ouvrage a été autorisé par décisions des Ministres de la guerre et de la marine, en date des 7 octobre et 2 décembre 1878, 19 et 24 mai 1886 et 4 novembre 1891.

Vade-mecum administratif de MM. les capitaines commandants et des sous-officiers comptables des corps de troupe de la guerre, par un officier d'administration (5° édition à jour). — Vol. in-8° de 348 pages, broché. 2 50
L'achat de cet ouvrage par les unités des régiments actifs, mixtes et territoriaux est supporté par la masse d'habillement, suivant autorisations ministérielles des 16 juillet et 12 septembre 1891.

Librairie militaire Henri Charles-Lavauzelle

Paris, 11, place Saint-André-des-Arts.

Vade-mecum administratif de MM. les capitaines commandants et des sous-officiers comptables des corps de troupe de la marine. — Volume in-8º de 296 pages, broché.................................... 3 »

Manuel pratique des services de l'habillement, du harnachement et de l'armement, à l'usage des capitaines commandants, des sous-officiers comptables et gardes-magasins de compagnie, escadron, batterie ou section. — Volume in-8º de 256 pages, broché.................... 3 »

Manuel administratif à l'usage des corps de troupe de l'armée territoriale (chefs de corps, capitaines-majors, officiers comptables et commandants d'unités), par E. BONNET, capitaine-major du 76º régiment territorial d'infanterie. — Volume in-8º de 268 pages, broché............ 5 »

Règlement du 30 septembre 1886 pour l'exécution du service des lits militaires, nouvelle édition entièrement refondue, mise à jour et complétée par un chapitre spécial concernant le **matériel du couchage auxiliaire.** — Volume in-8º de 320 pages, broché.................. 4 »

Note ministérielle du 11 décembre 1889 pour l'application, en ce qui concerne le service des lits militaires, du règlement du 9 septembre 1888 et de l'instruction du 23 décembre suivant sur la **comptabilité des matières** appartenant au département de la guerre. — Broch. in-8º.. » 30

Instruction du 31 mars 1887, pour l'exécution du service des lits militaires à partir du 1er avril 1887. — Brochure in 8º de 20 pages...... » 20

Règlement du 30 juin 1856 sur le service du casernement, 3 édition entièrement refondue, annotée et mise en concordance avec les dispositions en vigueur (Paris 1893). — Volume in-8º de plus de 200 pages, avec modèles, planches et tableaux...................................... 2 »

Règlement provisoire du 20 juin 1888 sur l'entretien du casernement par les corps occupants, complété, par la décision ministérielle du 23 décembre 1890, suspendant le fonctionnement de la masse de casernement en temps de guerre (2e édition, annotée et mise à jour. — Brochure in-8º.. » 50

Note ministérielle du 7 février 1890 sur l'emploi des accumulateurs de pression pour le filtrage de l'eau au moyen de l'appareil Chamberland.— Fascicule in-8º de 8 pages.. » 25

Note ministérielle du 24 mars 1892, relative à l'installation et à l'entretien des filtres Chamberland, système PASTEUR, à nettoyeur mécanique O. ANDRÉ, dans les casernements. — Brochure in-8º......... » 30

Décret et instruction du 4 janvier 1892, relatifs à l'ameublement des hôtels affectés aux officiers généraux. — (B. O., nº 2)......... » 30

Nomenclature du 30 décembre 1889 des objets mobiliers à l'usage des hôtels des officiers généraux, des bureaux des états-majors et de l'intendance.— Brochure in-8º de 40 pages.................... » 45

Répertoire alphabétique des diverses particularités du service des frais de route, par M. DEVAUX, officier d'administration adjoint de 1re classe des bureaux de l'intendance. — Vol. in-8º de 228 pag., broché. 5 »

Par décision ministérielle du 22 juillet dernier (B. O., p. s., n° 23), les corps de troupe ont été autorisés a acheter cet ouvrage sur les fonds de leur masse d'habillement et d'entretien (fonds commun). à raison de deux exemplaires pour les corps constitués en régiment et d'un exemplaire pour les bataillons, escadrons, sections et compagnies formant corps.

Essai sur l'application de la loi du 15 juillet 1889 sur le recrutement de l'armée ou **Manuel du recrutement de l'armée française,** par J.-P.-V. SIMON, major d'infanterie hors cadre, commandant de recrutement. — Volume in-8º de 440 pages, broché...................... 4 »

Dictionnaire du recrutement, contenant tout ce qui est relatif au recrutement, à l'administration des réserves et de l'armée territoriale et aux réquisitions, par J. SAUMUR, lieutenant de recrutement. — Volume grand in-8º de 608 pages, broché.. 10 »

Le catalogue général est envoyé franco à toute personne qui en fait la demande.